MAGNUS WEISHEIT
DER (UN)SINN DES LEBENS
48 LEERE SEITEN ÜBER DEN (UN)SINN DES LEBENS

MAGNUS WEISHEIT
DER (UN)SINN DES LEBENS
48 LEERE SEITEN ÜBER DEN (UN)SINN DES LEBENS

Bibliografische Information der Deutschen Nationalbibliothek:
Die Deutsche Nationalbibliothek verzeichnet diese Publikation
in der Deutschen Nationalbibliografie; detaillierte bibliografische
Daten sind im Internet über http://dnb.dnb.de abrufbar.

© 2015 Magnus Weisheit
Herstellung und Verlag:
BoD – Books on Demand, Norderstedt

ISBN: 978-3-7386-4516-3